NOTICE BIOGRAPHIQUE

SUR LA SŒUR

ÉLISE DESMONS

DE LA PROVIDENCE

DIRECTRICE DES CLASSES COMMUNALES ET DE LA COMMUNAUTÉ

DE DUNKERQUE

PAR M. L'ABBÉ ROBITAILLE

MISSIONNAIRE APOSTOLIQUE

CHANOINE TITULAIRE DE LA CATHÉDRALE D'ARRAS.

ARRAS

TYPOGRAPHIE H. SCHOUTHEER

1869

PRÉFACE.

C'est à la prière des Enfants de Marie et des Membres de la Réunion dominicale de Dunkerque que cette notice historique à été composée. Pleines de reconnaissance pour celle qu'elles aimaient tant à nommer leur mère, elles ont exprimé le désir de voir réunis, dans un cadre restreint, les principaux actes de sa vie, et les vertus dont elle était le modèle, afin d'en perpétuer le souvenir et de trouver dans ce pieux mémorial un moyen de demeurer fidèle aux sages avis qu'elle leur prodiguait, soit dans les conférences publiques, soit dans les entretiens particuliers.

Elles disent qu'en lisant ces pages où se réflétera la physionomie de la Fondatrice des œuvres dont la conservation leur est chère, elles croiront l'entendre encore parler avec cette verve qui les entraînait; la voir encore au milieu d'elles avec ce sourire aimable, ce visage doux autant qu'animé, ce regard pénétrant, mais plein de charmes qui découvrait les secrets de leur âme, l'émouvait, la gagnait, la retenait captive sous le joug de l'innocence et de la piété. Elles espèrent la suivre encore dans ces jours de fêtes solennelles, organisant tout avec une habilité remarquable, imprimant à tous le mouvement, maintenant l'ordre, n'oubliant rien de ce qui devait contribuer à l'entrain des amusements, à l'éclat de la cérémonie, à la gloire de la religion, à l'honneur ou même aux jouissances des jeunes personnes objet unique de ses affections et de sa tendre sollicitude; la retrouver dans ces communications intimes où elle savait si bien se mêler aux joies et aux douleurs de ses enfants, comprendre leurs besoins, relever leur courage, exciter leur zèle, les prémunir contre les dangers, leur inspirer l'amour du devoir, au prix des plus pénibles sacrifices.

Rien de plus légitime, sans doute, rien de plus louable que ces vœux; mais aussi n'est-il pas téméraire d'aspirer à peindre la regrettable défunte sous les traits gravés dans le cœur de ses enfants ? Elles seules pourraient les repro-

duire avec fidélité; elles seules sauraient donner au tableau la vie, le mouvement, le naturel
qui lui manqueront toujours, s'il est tracé par
un autre pinceau que le leur.

Néanmoins l'auteur de ce petit écrit ne s'est
pas arrêté devant cette considération, malgré ce
qu'elle a de grave. L'estime dont il a constam-
ment entouré la sœur Desmons et l'intérêt qu'il
porte à celles qu'elle a tant aimées ne le lui permettaient pas. Il a consacré son travail à Marie,
en la priant de lui faire produire les fruits qu'on
en attend, et se repose sur elle avec confiance.

NOTICE BIOGRAPHIQUE

SUR LA

SŒUR ÉLISE DESMONS.

I

Elise Desmons naquit à Fruges, le 13 juillet 1819, au sein d'une famille où les vieilles traditions religieuses s'étaient conservées intactes. Elle était la treizième et la dernière de ses frères et sœurs. Sa mère, femme d'une foi robuste et d'une piété solide en prit un soin tout particulier, parce qu'elle remarquait en elle d'heureuses dispositions à la vertu, peut-être aussi parce qu'elle trouvait dans son caractère des traits de ressemblance frappante avec le sien.

La jeune Elise répondait avec une grande docilité à la sollicitude maternelle ; elle aimait la prière et les offices de l'Eglise, et ne s'occupait que de jeux innocents. Car dès l'âge le plus tendre, et comme par un instinct naturel, elle se

tenait éloignée des plaisirs du monde et montrait un goût décidé pour la vie religieuse.

Sa dévotion n'avait cependant rien de sombre;
elle était au contraire d'une humeur enjouée,
qui décélait une âme candide, franche, inca-
pable de dissimulation, ferme et généreuse en
même temps ; en sorte que le germe des qualités
qu'on vit plus tard briller en elle se faisait déjà
remarquer [dans son enfance.

Elle fréquenta de bonne heure l'école des religieuses de la Providence de Rouen, qui, comme
aujourd'hui, tenaient les classes communales
des filles et un petit pensionnat à Fruges ; elle
s'y distingua par son application à l'étude et
par des succès constants, autant que par le bon
esprit dont elle était animée ; s'attacha fortement
à ses maîtresses et surtout à la sœur Bommer,
directrice de l'établissement, habile à saisir les
aptitudes de ses élèves, à captiver leur confiance,
à leur indiquer la voie dans laquelle la Providence les appelait à marcher.

La vocation précoce d'Elise à l'état religieux
se dessina de plus en plus sous cette main douce
et ferme à la fois, et plus encore sous l'influence
des idées que la première communion mit dans
son esprit, et des impressions qu'elle fit sur son
cœur, si profondément ému dans l'accomplissement du plus grand acte de la vie chrétienne.

Aussi, quelque temps après cette époque solennelle, son parti d'entrer plus tard en religion parut si sérieux, que ses parents, désireux de se conformer aux desseins du Ciel sur leur enfant, l'envoyèrent chez les dames Ursulines d'Arras pour achever son éducation.

Cette position nouvelle allait à ses goûts. Son attrait pour l'étude et pour les exercices de piété trouvait son aliment dans l'observance de la règle à laquelle elle était soumise. Ses maîtresses devinrent pour elle des mères, ses compagnes autant de sœurs, et comme elle était étrangère aux joies mondaines, la vie du couvent n'avait à ses yeux que des charmes ; son avenir lui semblait tout fait, elle voulait vivre et mourir aux Ursulines.

La sœur Desmons passa quatre années dans ce pensionnat dont les religieuses avaient toute sa confiance, et ce temps lui parut bien court, parcequ'elle y goûtait une paix profonde dans la pratique des vertus qui sont l'ornement d'une jeune personne, et dans l'acquisition des connaissances dont elle sut plus tard faire un si digne usage. Elle allait volontiers en vacances pour revoir sa famille et se reposer de ses travaux ; mais elle rentrait avec plus de bonheur encore dans la sollitude du cloître. Ses parents s'en étonnaient, car elle se montrait au milieu d'eux d'une gaieté charmante ; qui parfois semblait toucher à la dissipation ; elle aimait les amusements bruyants, les chants, les rires aux éclats ; partout on la trouvait vive, sémillante, épanouie, indifférente à tout, à la manière des enfants et comme une étrangère dans la maison paternelle.

Dans ses pensées, du reste, elle devait bientôt quitter le foyer domestique pour se consacrer à Dieu dans le saint asile qu'il avait daigné lui préparer. Elle y revenait donc sans regret, lorsque les moments de repos étaient écoulés ; ses maîtresses la retrouvaient avec son entrain ordinaire, son caractère expansif et son laisser-aller innocent, avec cette ouverture de cœur et cette droiture d'esprit qui l'accompagnèrent dans toutes les circonstances de sa vie.

Telles étaient les dispositions de la sœur Desmons au moment où, ayant terminé son éducation, elle fit à son père et à sa mère la demande de retourner aux Ursulines avec l'intention d'y commencer son postulat. Ses parents, très-chrétiens, d'ailleurs, et même heureux de voir leur fille embrasser la vie religieuse, crurent devoir ajourner leur consentement et l'éprouver pendant une année. Ce retard contraria vivement Elise qui ne s'attendait pas à rencontrer cet obstacle à ses vœux ; mais elle se soumit sans murmure, persuadé que l'obéissance à laquelle elle faisait un si pénible sacrifice, lui mériterait les faveurs célestes et rendrait sa vocation plus certaine.

Cette année d'attente avait bien ses dangers, et elle s'en alarmait. Sa piété ne s'affaiblirait-elle pas, dans cette absence de toute règle ; dans cette liberté sans limite dont elle allait jouir ; dans ce contact continuel avec un monde d'autant plus à craindre qu'il ne s'éloignait pas des lois de la décence chrétienne ? Ne trouverait-elle pas un écueil dans sa candeur, dans sa gaieté naturelle, dans ses manières aimables, jointes aux agréments de sa personne ? Ne succomberait-elle pas à l'ennui dans ces jours de fêtes où ses frères et sœurs fréquenteront les réunions peut-être innocentes, mais dont les jeunes personnes appelées à la vie religieuse doivent fidèlement s'éloigner ? Résistera-t-elle à certaines instances de se donner plus de liberté ? Se mettra-t-elle au-dessus de ce respect humain qui amollit les plus mâles courages ? Autant de questions de nature à troubler la paix de son cœur, en lui montrant comme possible le naufrage de sa vocation, sinon de sa vertu.

Heureusement, les religieuses de la Providence chez lesquelles elle avait passé ses pre-

mières années, étaient encore à Fruges, elle
les visitait souvent pendant les vacances qu'elle
prenait au sein de sa famille, et les moments
qu'elle leur donnait lui paraissaient toujours
agréables. Elle prit donc la résolution d'avoir
avec elles des rapports plus assidus durant ce
temps d'épreuves auquel on la condamnait,
d'en faire ses compagnes habituelles, ses confi-
dentes et ses conseillères afin de trouver près
d'elles une sauvegarde contre les périls dont elle
était environnée.

Ce fut un trait de la Providence pour l'amener
à l'accomplissement des desseins qu'elle avait
sur elle. L'attachement que la jeune Elise conçut pour ses anciennes maîtresses fit naître en
elle le désir d'entrer dans leur Congrégation.
Elle avait un goût marqué pour l'enseignement, et ce qui la portait à choisir l'institut
des Ursulines, c'était la pensée de se consacrer
à l'instruction des petites filles. Cette vocation,
elle pouvait la suivre, en devenant sœur de la
Providence ; en même temps elle satisfaisait un
autre besoin de son âme, celui de travailler au
bonheur des pauvres qu'elle rencontrerait dans
les classes dirigées par *les Filles des écoles cha-*
ritables et chrétiennes de l'Enfant-Jésus, dites
Sœurs de la Providence de Rouen. Cette dernière considération l'emporta sur son affection

pour les Dames Ursulines et sur le goût qu'elle éprouvait, dès lors, de vivre dans une communauté cloîtrée.

L'année d'épreuve écoulée, Elise fit connaître son intention d'entrer dans la Congrégation de la Providence, et cette ouverture fut très-agréable à son père et à sa mère qui ne pouvaient s'accoutumer à l'idée d'un cloître où leur fille passerait toute sa vie, elle, dont les instincts paraissaient si peu faits pour la solitude. Le choix d'une communauté qui plaisait à la famills, ôta toute velléité de proroger le temps d'attente au-delà du terme fixé; on consentit à ce que la jeune personne se fît religieuse et le départ pour Rouen, maison-mère de la Providence, fut immédiatement arrêté.

II.

La sœur Desmons était alors dans sa ving-
tième année. Son noviciat, qui dura un an, lui
parut le plus beau temps de sa vie. Il se passa
dans les exercices prévus par la règle, sans qu'elle
rencontrât le plus petit sujet de peine. Elle aimait l'étude, ses maîtresses, ses compagnes ;
elle se croyait encore élève, et se conduisait
comme si elle l'avait encore été. Obéissante,
simple, expansive, rieuse même, elle plaisait à
tout ce qui l'entourait, animait les récréations
par les élans de son caractère enjoué, se conci-
liant les sympathies par son humeur toujours
égale, par la douceur de ses manières et par sa
bienveillance à l'égard de tout le monde.

Elle redoutait le moment de quitter cette aimable retraite, et ce ne fut pas sans éprouver
de profonds déchirements qu'elle se vit forcée
de rompre des liens déjà bien forts, d'échanger
la vie si calme qu'elle menait à la maison-mère
contre la position qu'elle allait occuper dans les

fonctions d'un apostolat souvent environné d'angoisses, surtout au début, et alors qu'on est en contact avec des personnes inconnues, dont les vues et les habitudes n'ont rien de commun avec ce qu'on a vu, avec ce qu'on a fait depuis qu'on est en religion.

Ses supérieures l'envoyèrent, en qualité de maîtresse de classe, dans un petit pensionnat, situé à quelques lieues de Cherbourg, où elle resta trois ans. C'était, non plus le noviciat à la vie religieuse, mais une initiation aux épreuves et aux fatigues de l'enseignement. Jusque-là peut-être, elle ne les avait envisagées que de loin, comme le mousse contemple du port les mouvements de la mer, elle n'avait donc pas prévu les difficultés qu'elle rencontrerait dans l'accomplissement de ses devoirs, ni les luttes qu'elle aurait à soutenir, ni les sacrifices qu'elle devrait s'imposer. Aussi, les commencements furent pénibles; mais l'énergie de son âme la soutint et lui permit de ne rien perdre de son courage ni même de sa gaieté.

A la suite de ces trois années, la jeune sœur fut envoyée à Cherbourg pour y continuer ses fonctions de maîtresse de classe. Ce nouveau poste allait mieux à ses instincts naturels. Des compagnes nombreuses, des élèves d'une certaine instruction lui procuraient des occupations plus agréables et lui permettaient plus d’épanouissement et plus d’entrain. C’était une halte utile entre le point de départ dans la voie de l’enseignement et l’emploi le plus élevé. Ainsi, la Providence la préparait par degré à la réalisation de ses desseins.

A cette époque, Dieu lui réservait une des épreuves les plus pénibles à son cœur. Mme Desmons, sa mère, mourut le 21 novembre 1845, après une longue et douloureuse maladie, qui fit éclater la vivacité de sa foi et sa patience inébranlable dans les souffrances. La jeune religieuse aimait tendrement sa mère dont elle connaissait l’éminente piété, dont elle avait reçu tant de marques d’affection, et à qui elle était principalement redevable de son éducation si chrétienne et de l’innocence de sa vie. Elle répandit d’abondantes larmes à la nouvelle de cette perte cruelle ; mais le souvenir des vertus de la défunte, l’espoir fondé que Dieu l’avait reçue dans sa miséricorde, et qu’elle ne quittait le lieu de l’exil que pour entrer dans sa véritable patrie, adoucirent l’amertume du calice que le Ciel lui présentait, et lui donnèrent la force de se soumettre sans murmure à la volonté du Père céleste.

Les cinq années passées à Cherbourg la formèrent à l’art difficile de bien enseigner, c’està-dire de communiquer à des jeunes intelligences les connaissances acquises par des études patientes et sérieuses. Il n'est pas rare de voir des maîtres très-instruits n'obtenir que de minimes résultats, parce qu'ils ne savent pas se mettre à la portée de leurs élèves, parce qu'ils manquent de méthode et que leur enseignement dépourvu d'attrait ne saurait plaire à des esprits légers, à des imaginations ardentes ; ou souvent encore parce qu'ils ignorent le chemin qui conduit au cœur et les moyens de les gagner. On verra que la sœur Desmons possédait dans un rare degré les qualités que l'on peut désirer dans une maîtresse.

Ce fut dans les premiers jours d'octobre 1848, que la supérieure générale lui confia la direction de la première classe de l'établissement communal de Dunkerque, où l'on comptait quatorze religieuses et plus de huit cents enfants. Le nombre des élèves de sa classe variait de quatre-vingts à cent, dont la plupart avait suivi dans la maison les cours élémentaires, et touchaient au terme de leur éducation. Quelques-unes même aspiraient au brevet de capacité pour l'instruction primaire.

Pénétrée de cette pensée qu'elle n'exciterait entre elles une véritable émulation qu'à la condition de s'emparer de leur cœur, avant de parler à leur esprit, elle ne négligea rien pour se concilier leur affection, sans néanmoins montrer jamais la moindre faiblesse. Douceur, bonté maternelle, attentions délicates, calme inaltérable dans les obstacles que rencontrait son zèle, fermeté invincible dans la répression des abus, une attitude digne, accompagnée d'un visage ouvert, d'un air riant et d'un dévouement sans borne ; tout en elle subjuguait les âmes et les portait à la pratique des vertus qui font l'ornement de l'enfance, la gloire de la religion et le bonheur des familles.

Profitant de son ascendant irrésistible, elle mit dans ses élèves l'amour de l'étude et obtint d'elles cette application sérieuse et constante qui devint la source de progrès remarquables, en sortequ'elle éleva bientôt sa classe au niveau de celle des meilleurs pensionnats, ainsi que le constatèrent les visites des inspecteurs et les succès remportés dans les examens pour les grades universitaires.

Cette ardeur pour l'étude n'altérait pas chez les élèves confiées à ses soins l'amour des exercices de la piété chrétienne. On les citait comme des modèles de recueillement à l'église et d'obéissance au foyer domestique, faisant la consolation de leurs parents, et la joie des ecclésiastiques chargés de leur instruction religieuse.

La bonne maîtresse bénissait Dieu de ces heureuses dispositions ; mais elle se demandait si le contact du monde ne serait pas un écueil funeste contre lequel se briseraient leurs vertus encore faibles, au moment où ces chères enfants termineraient leur éducation, et rentreraient pour toujours dans la maison paternelle. Que de dangers, se disait-elle, dans leurs relations du dehors, et jusqu'au sein de leur famille ! Comment résisteront-elles à l'attrait des plaisirs, aux assauts des passions, à l'entraînement de l'exemple, à l'empire du respect humain qui font chaque jour tant de victimes parmi les jeunes personnes les plus généreuses et les plus heureusement douées ?

Dès lors, elle conçut le projet de fonder, avec la permission de ses supérieures et l'appui du vénérable doyen de la paroisse Saint-Jean-Baptiste une réunion dominicale, où ces âmes pures viendraient s'encourager mutuellement à demeurer fermes dans leurs sentiments religieux, retremper leurs forces pour soutenir de nouvelles luttes, et renouveler leurs promesses de fidélité au service de Dieu et au culte de Marie. Cette institution fut établie en 1851, et prit en peu de temps des accroissements inattendus. Le nombre des jeunes personnes atteignit le chiffre de deux cents. C'était un magnifique résultat.

Mais l'habile Directrice ne tarda pas à comprendre que dans une réunion si considérable se trouvaient des âmes d'élite qui devaient aspirer à une vie plus parfaite que leurs compagnes, d'autres d'un caractère faible dont l'innocence courrait risque de faire naufrage, si des engagements solennels ne les retenaient dans le sentier du devoir. Une association d'Enfants de Marie, formée dans le sein de la Réunion dominicale, lui parut de nature à satisfaire ce double besoin en donnant plus d'expansion à la piété des premières et en affermissant les pas mal assurés des secondes par l'autorité de leurs promesses et par les exemples de leurs compagnes. Un appel fait à cette troupe de jeunes vierges fut entendu par beaucoup d'entre elles qui sollicitèrent la faveur de devenir membres de cette association, après les épreuves prévues par le règlement dans le but d'éviter les déceptions. On y joignit une congrégation des Saints-Anges formée d'enfants de treize à quinze ans, destinée à devenir une pépinière d'Enfants de Marie. Ces créations, qui avaient lieu en 1854, donnèrent bientôt pour l'avenir les plus belles espérances.

Il ne faut pas omettre de dire que Dieu ménageait une nouvelle épreuve à la zélée fille de la Providence, au milieu des travaux auxquels elle se livrait pour la fondation de ces œuvres diverses. Déjà, depuis six ans, orpheline de mère, elle perdit son père le 20 juillet 1851, à la suite d'une longue maladie qui lui permit d'envisager de loin la mort, et de s'y préparer par la réception des sacrements de l'Eglise. Privée de ses parents, qu'elle avait tendrement aimés, elle prit plus que jamais Dieu pour père et Marie pour mère, accordant à la douleur ce qu'exige le sentiment de la piété filiale, et poursuivant la réalisation de ses projets.

La vie du cloître avait été, comme on l'a vu, le premier désir de la sœur Desmons. Ce souvenir venait quelquefois la troubler au sein de ses nombreuses occupations qui ne lui laissaient pas, disait-elle, le temps de penser à elle-même. Elle craignait de négliger le soin de son salut, en travaillant avec une ardeur trop grande au salut des autres. Elle voyait des dangers dans ce qu'elle appelait le *tourbillon* où elle vivait, dans le monde dont elle aurait dû, selon elle, se séparer plus complètement, et se demandait avec une profonde inquiétude si elle ne devait pas abriter sa vertu derrière les grilles des Ursulines d'Arras. Heureusement, elle confia ses angoisses à son vénérable directeur, M. Deconinck, qui la rassura, et lui donna l'ordre de repousser comme une tentation

véritable la pensée de sortir de sa congrégation. Remise à peine de cette violente secousse,
la maîtresse de classe est nommée par sa supérieure, directrice de la communauté de Dunkerque, en octobre 1858. C'était ajouter au far-
deau, qu'elle regardait déjà comme trop pesant,
une responsabilité bien plus effrayante. Ses
alarmes se renouvelèrent, et elle n'accepta les
honorables fonctions auxquelles on l'appelait,
que par la crainte de s'éloigner de la volonté de
Dieu si clairement manifestée. Toutefois elle
se fit un devoir de remplir immédiatement
toutes les obligations que lui imposait sa di-
gnité nouvelle, et de donner plus de développe-
ment aux œuvres qu'elle avait fondées.

III

La sœur Desmons trouvait un obstacle à ses vues d'agrandissement dans le local occupé jusque là par les religieuses de la Providence. Il était éloigné de l'église, petit, délabré et d'un piteux aspect. Il fallait pourtant y faire les exercices de chaque semaine et même ceux de la retraite annuelle, jugée nécessaire pour la conservation et l'extension de ces œuvres dont le clergé et les familles chrétiennes comprenaient les avantages. Le génie des décorations, le zèle, l'entrain et le savoir-faire de la directrice suppléaient en partie sans doute à ce grave inconvénient, mais elle ne se dissimulait pas qu'on serait toujours en souffrance aussi longtemps que durerait cette situation.

L'estime dont l'entouraient les autorités de la ville lui permettait d'espérer des jours meilleurs. Il y avait alors à la tête de l'administration municipale un de ces hommes sages, judicieux, aimant le bien et le voulant dans une juste mesure. L'éducation religieuse de la jeu-

nesse était à ses yeux la source de la moralisa-
tion des masses, et comme la pierre fondamen-
tale de l'édifice social. Bien qu'il fut très-parci-
monieux dans l'emploi des revenus publics, au
point de réaliser de grosses économies budgé-
taires, il n'épargna rien pour procurer aux
maîtres et aux maîtresses de l'enfance et de la
jeunesse, des locaux vastes, aérés, confortables
et touchant presque à la splendeur et au luxe,
si l'on peut parler ainsi de bâtiments admi-
rables de distribution, d'un travail aussi parfait que solide, et placés dans les lieux les
mieux appropriés à leurs besoins.

Ce digne magistrat avait compris le mérite
supérieur de la directrice de la Providence ; il
appréciait le bien qu'elle opérait au milieu des
mille enfants qui fréquentaient les classes et
des trois cents jeunes personnes de la réunion
dominicale qu'elle entourait de ses soins intel-
ligents et vraiment maternels ; aussi, il portait
à son établissement le plus vif intérêt. Persuadé qu'une chapelle devenait indispensable pour
les assemblées hebdomadaires ou mensuelles,
et surtout pour les retraites annuelles des Enfants de Marie, il en fit construire une au premier étage de la maison qu'on bâtissait, et lui
donna de belles proportions : trois nefs, un
sanctuaire ceint de deux petites sacristies, une

voûte cylindrique, des fenêtres des deux côtés
en plein cintre à l'intérieur, tandis qu'au
dehors elles conservent la forme commune aux
autres, communiquant par de larges ouvertures
avec deux classes qui permettent de réunir au
besoin quatre cents personnes.

Cette chapelle, que M. le Maire livra toute
nue à la sœur Desmons, devint en peu d'années,
par le goût exquis qui présida à son ornemen-
tation, un véritable bijou que pourraient envier
les plus riches pensionnats.

C'est en 1860 que l'on prit possession de ce
beau local qui ne coûte pas, assure-t-on, moins
de trois cent mille francs. L'heureuse Directrice
saisit cette occasion de donner une impulsion
nouvelle aux deux congrégations des Enfants
de Marie et des Saints-Anges, ainsi qu'à la
Réunion dominicale. Outre la chapelle pour les
exercices religieux, le nouvel édifice renferme
une salle spacieuse, qui peut contenir plus de
trois cents personnes; et souvent on la vit
comble dans les fêtes que la sœur Desmons savait rendre splendides et amusantes à la fois. Il
y avait des occupations et des jeux pour tous
les âges et pour tous les goûts; les heures s'é-
coulaient rapides dans les joies les plus expan-
sives et les plus bruyantes. Et pourtant au milieu de l'animation la plus grande, on s'arrêtait

soudain à la voix de la maîtresse qui racontait
une histoire avec une grâce merveilleuse, ou
donnait quelques conseils pleins d'à-propos,
jamais peut-être on ne sut avec tant d'art va-
rier les exercices pour éviter la monotonie et
captiver pendant un temps considérable l'atten-
tion générale.

Il faut dire aussi que la bonne sœur se dé-
pensait tout entière; qu'elle prévoyait tout;
qu'elle remarquait tout; qu'elle parlait à toutes
les jeunes personnes de manière à ce que chacune d'elles pouvait dire qu'elle avait été l'objet de ses attentions délicates, et s'en retour-
nait joyeuse d'avoir attiré ses regards.

Dans les temps de l'année où le monde multi-
plie ses assemblées profanes, elle s'efforçait de
dédommager ses enfants des privations qu'elles
s'imposaient, en leur faisant jouer quelques-
unes de ces pièces composées pour les maisons
d'éducation, et qui présentent un véritable intérêt dramatique, sans rien donner à la passion.
Alors un superbe théâtre était dressé, la salle
des réunions magnifiquement décorée ; on con-
fectionnait des costumes, on s'exerçait à bien
dire, on réglait les poses, les mouvements, les
gestes ; rien, en un mot n'était négligé pour obtenir un succès complet dans ce genre d'amu-
sement. La sœur Desmons qui, pendant le

cours de son éducation, s'était distinguée dans les rôles difficiles qu'on lui confiait en pareilles circonstances, savait donner aux actrices des préceptes sûrs, et leur communiquer le feu de son âme ardente. Les mères de famille, admises à ces représentations, ont avoué qu'elles y trouvaient un charme indicible. Ainsi s'écoulait dans des jouissances pures et sans remords le temps du carnaval et de la fête de Dunkerque.

Il y avait pour les associées, et en particulier pour les Enfants de Marie d'autres exercices plus graves sans doute, mais non moins attachants, c'était l'assistance aux processions publiques du Très-Saint Sacrement et de la Très-Sainte Vierge. On a souvent entendu dire dans la ville que les enfants de l'école communale et les jeunes personnes de la Réunion dominicale en faisaient le plus bel ornement. Leur heureuse distribution, par groupes échelonnés le long du cortége, leurs riches bannières, leurs oriflammes aux mille couleurs, leur élégant uniforme et, par-dessus tout, leur attitude recueillie, leur extérieur modeste, leurs chants pieux et suaves, formaient un ensemble ravissant, plein de majesté et d'édification. Le pélérinage des Enfants de Marie de Dunkerque à Notre-Dame des Miracles à Saint-Omer, en 1867, fut signalé comme un des plus remarquables.

La sœur directrice avait tout ce qu'il faut pour réussir dans l'organisation de ces fêtes religieuses ; jugement sain, imagination vive, activité infatigable, prévoyance universelle, goût décidé pour les chants de l'église, voix forte et mélodieuse, tout en elle imprimait un mouvement irrésistible dans ces grandes manifestations.

Ce qu'il y avait néanmoins de plus saillant chez elle, c'était un tact admirable pour conduire les jeunes personnes dans les voies où les appelait la Providence. Elle semblait lire dans leurs cœurs, en découvrir les pensées les plus secrètes, en sentir en quelque sorte les battements. Celles qui la connaissaient ne pouvaient lui refuser leur confiance ; elles lui demandaient des conseils dans leurs anxiétés, des lumières dans leurs doutes, des forces même dans leurs luttes journalières. Pendant les retraites en particulier, elles voulaient la voir, l'entretenir de leurs besoins, lui confier les secrets les plus intimes, parfois ce qu'elles n'osaient exposer au directeur de leur conscience. Oh ! que de jeunes vierges lui doivent leur retour au sentiment du devoir ou leur persévérance dans le bien. Combien d'autres ont trouvé près d'elle la consolation et la paix du cœur ; combien la bénissent d'avoir soutenu leur faiblesse dans les occasions

les plus délicates, de les avoir éclairées dans le
choix d'un état de vie, ou conduites dans la solitude du cloître où elles goûtent les douceurs
du service de Dieu. Tel était son ascendant sur
celles qui l'approchaient que, quels que fussent
leur âge, leurs inclinations, leur position dans
le monde, elle arrivait toujours à s'en faire aimer
et à disposer de leur volonté.

Ses compagnes subissaient le même empire.
Un ordre parfait régnait dans la communauté,
on craignait de lui déplaire, on allait au-devant
de ses désirs, on était heureux de contribuer à
son bonheur. On lui faisait toutes espèces de
confidences, parce que l'on connaissait son dis-
cernement, sa prudence, sa bonté, son dévouement, et que l'on voyait en elle bien moins une
supérieure, qu'une mère tendre et compatis-
sante.

Du reste, conseillère pour toutes, elle ne s'ap-
puyait pas sur ses propres lumières; elle consul-
tait ses directeurs, ainsi que sa supérieure générale dans les choses graves, s'en remettant à
leur décision avec la docilité d'un enfant, lors-
qu'elle leur avait exposé ses vues personnelles.
Elle montrait pourtant une grande énergie de
volonté, quand il s'agissait de l'honneur de sa
congrégation et de la prospérité des œuvres
qu'elle avait fondées.

Ses relations avec les autorités locales furent toujours agréables. Elle échoua rarement dans les démarches qu'elle fit dans l'intérêt de son établissement, auprès du conseil municipal qui voulait, en accueillant ses demandes, reconnaître les services qu'elle rendait à la ville et lui témoigner ses sympathies. Les inspecteurs de l'instruction primaire n'eurent que des louanges à donner au mode comme au succès de son enseignement, en même temps que, de son côté, le clergé la félicitait de la docilité de ses enfants, de leur piété dans le Lieu-Saint, de leur exactitude à suivre le catéchisme et du zèle qu'elles montraient pour l'étude de la religion.

Ces rapports qu'on pouvait appeler nécessaires, n'étaient pas les seuls qu'elle entretint au dehors. Son dévouement au bien ne lui permettait pas de refuser un service à des familles malheureuses, à des enfants abandonnés ou placés dans des circonstances critiques pour leur innocence. Alors la charitable Sœur n'avait plus rien à elle; son cœur, ému de compassion, lui rendait faciles les sacrifices les plus pénibles pour atteindre le but qu'elle se proposait. Paroles d'encouragement, exhortations pressantes, secours matériels, recours aux personnes bienfaisantes qui voulaient bien lui venir en aide; tout était employé pour consoler les douleurs, ranimer les espérances, soulager les misères, ramener à la vertu des âmes déjà flétries par le souffle des passions, ou les prémunir contre les dangers dont elles étaient menacées.

Cette disposition devenait une source d'occupations incessantes. De toutes parts on s'adressait à la supérieure du couvent, les jeunes personnes, les mères, les dames qui se livrent à l'exercice des bonnes œuvres. Toutes voulaient avoir ses conseils ou sa coopération, et jamais aucune d'elles ne la quittait sans se dire heureuse de ses entretiens. Les riches admiraient ses manières aussi dignes que modestes, sa politesse exquise, sa conversation intéressante, tandis que les pauvres se montraient touchées de sa tendre compassion et reconnaissantes des secours qu'elles en obtenaient. On voyait que ces dernières avaient ses préférences et ses plus chaudes affections. Il était rare que son ingénieuse charité ne trouvât pas les moyens de leur être utile par elle-même ou par les personnes bienfaisantes devant lesquelles elle plaidait leur cause avec cette éloquence qui triomphe de tous les obstacles.

IV

Ces soucis de tous les jours joints aux devoirs
de sa charge, compromettaient sa santé. Tout
le monde s'en apercevait; ses compagnes s'en
alarmaient et la suppliaient de se ménager da-
vantage dans l'intérêt de la communauté et des
œuvres qui lui tenaient tant à cœur. Elle-même
sentait ses forces diminuer par degré, mais son
ardeur l'entraînait comme malgré elle; et lors-
qu'elle prit enfin quelques précautions, le mal
avait fait déjà de grands ravages. Le médecin
semblait d'abord en ignorer la nature; puis il
crut reconnaître l'existence d'une tumeur in-
testinale dont on devait redouter les suites. En
effet, la faiblesse alla croissant, l'appétit se perdit, le sommeil disparut; on ne pouvait désor-
mais se faire illusion sur les dangers que courait une vie si précieuse. La mort du vénéré
doyen de Saint-Jean-Baptiste, M. Deconinck,
qu'elle aimait à l'égal d'un père, vint aggraver
sa position déjà si douleureuse.

Cependant à force d'énergie, la malade luttait contre la souffrance; elle remplissait encore une partie de ses fonctions, elle voulut même en 1867, assister à la retraite qui se donne à Rouen, chaque année, pour toute la congrégation. Mais elle n'en put suivre que quelques exercices, et elle en revint dans un état de malaise qui la fit condamner au repos le plus absolu. Bientôt, il fallut garder la chambre et le lit même; l'espoir de la conserver s'amoindrissait chaque jour et la pieuse Directrice, entièrement résignée à la divine volonté, reçut les derniers sacrements avec cette foi vive qui l'avait animée dans toutes les actions de sa vie.

La science humaine ayant dit son dernier mot, et s'étant déclarée impuissante, on eut recours à Celui qui conduit jusqu'aux portes du tombeau et rappelle à la santé, quand il lui plaît. Les religieuses, les élèves, les Enfants de Marie, les jeunes personnes de la Réunion dominicale ne cessaient d'offrir au ciel les vœux les plus ardents pour obtenir la guérison de leur Directrice bien-aimée. On demanda des prières au clergé, aux communautés de la ville et du dehors, avec la confiance que le bon Dieu se laisserait touché par ces unanimes supplications. En effet, la nuit même où le médecin avait assuré qu'elle mourrait, elle eut une crise qui paraissait annoncer sa fin, et qui lui rendit au contraire les forces et la santé. « Je suis guérie, s'écria-t-elle, et c'est à Marie que je dois ma guérison. » On s'empressa d'informer le médecin de cette heureuse révolution; mais il refusa d'y croire, jusqu'à ce qu'il pût constater lui-même un fait qui lui semblait impossible. Que s'était-il passé ? Personne ne le sait. Selon le dire du docteur, la tumeur s'était dissoute d'elle-même contre toutes les prévisions, et la malade qu'il croyait trouver morte ce matin là même, était hors de danger.

On devine la joie de la nombreuse famille à laquelle cette bonne Mère venait d'être rendue. On criait au miracle; on bénissait Marie à qui on l'attribuait; on lui rendait de solennelles actions de grâce. On eût été mal venu de regarder cette guérison comme naturelle. La sœur Desmons en particulier doutait si peu qu'elle fût miraculeuse qu'elle était prête à verser son sang pour l'attester.

Quoi qu'il en soit de cette faveur toute providentielle, la malade dès ce moment reprit ses forces; elle put quitter le lit et la chambre quelques jours après; puis enfin reprendre peu à peu ses fonctions, tout en gardant certains ménagements. Elle parut tout à fait remise vers le mois de septembre 1868. A la retraite des En-

.fants de Marie qui commença le 23 de ce mois,
on la vit assister à tous les exercices, entretenir ses chères enfants, recevoir leurs communications, et leur donner des conseils pour passer
saintement ces jours de salut, ainsi qu'elle avait
coutume de le faire avant sa maladie. Elle avait
aussi repris sa correspondance qui contient
des lettres longues et faciles, comme elle en savait faire; en sorte qu'on pouvait espérer une
complète guérison.

Néanmoins la pensée de sa mort prochaine
ne la quittait pas; elle se faisait sentir dans tous
ses entretiens, en particulier dans les conseils
qu'elle donnait à ses consœurs et à ses enfants
pour l'avenir de leur conduite. Etait-ce un pré-
sentiment intérieur; un avertissement de vivre
comme devant mourir chaque jour; ou bien
éprouvait-elle un affaiblissement graduel de ses
forces qui la privait de son énergie ordinaire et
la rendait moins propre à la fatigue ? Peut-être
y avait-il l'un et l'autre à la fois.

Ses prévisions ne se réalisèrent que trop vite
dans l'intérêt de l'établissement et des œuvres
qu'elle dirigeait avec tant de sagesse et de succès. N'ayant pu se rendre à Rouen pour assister
à la retraite générale, ni suivre celle des Enfants
de Marie, à cause des soins qu'elle leur prodiguait, elle en faisait une en particulier que Dieu

ne lui permit pas d'achever. Pendant un entretien qu'elle avait avec M. le doyen de Saint-Jean-Baptiste, elle fut frappée d'une apoplexie qui paralysa le côté gauche tout entier, lui laissant néanmoins sa présence d'esprit et la faculté de se faire comprendre. On eut, durant deux jours, un léger espoir de la conserver, qui disparut bientôt devant les symptômes alarmants qui annonçaient une fin prochaine. La malade toujours calme au milieu des larmes de ses sœurs, mourut sans agonie, ou plutôt s'endormit dans la paix du Seigneur le 13 octobre, à 10 heures et demie du matin, dans la cinquantième année de son âge.

Le bruit de sa mort se répandit comme l'éclair dans toute la ville et la remplit de deuil, bien qu'on n'ignorât pas le danger qu'elle courait depuis le fatal accident, et sa perte fut pendant plusieurs jours l'objet de toutes les conversations. Ses restes, placés sur un lit de parade, furent visités par une foule immense dont l'attitude, muette et recueillie, témoignait de sa profonde douleur, et de l'estime qu'elle avait pour la vénérée défunte.

Ses funérailles offrirent un spectacle non moins touchant. L'église de Saint-Jean-Baptiste et les rues qui l'avoisinent étaient combles. On voyait dans le cortège, à côté de l'ancien

maire, M. Mollet, des membres du conseil municipal et de la fabrique qui suivaient le frère de
la sœur Desmons, un très-grand nombre d'ou-
vriers et de pauvres, portion de la population
que la regrettée directrice avait surtout aimée.

Tout le clergé de la ville s'était joint à celui
de la paroisse pour montrer l'unanimité des
sympathies et des regrets. M. le doyen de
Saint-Jean-Baptiste se fit l'interprète de tous,
en prononçant, pendant le service funèbre, des
paroles éloquentes qui firent une vive impression sur le nombreux auditoire. Sorties du cœur
du prêtre le plus à même de connaître les vertus
et le mérite de celle dont il rappelait la vie en
quelques traits frappants, elles allèrent droit
au cœur de ceux qui les écoutaient avec un si-
lence mêlé d'attendrissement.

La supérieure générale, venue de Rouen pour
donner à sa fille une dernière marque d'affection, assistait au convoi entourée des sœurs de
l'établissement et de toutes les communautés de
la ville. Mais ce qui attirait tous les regards et
provoquait une profonde émotion c'était ces
mille enfants accompagnant leur bonne maîtresse au tombeau ; c'était ces trois cents jeunes
vierges de la réunion dominicale, cette troupe
nombreuse des Congréganistes des Saints-Anges
et d'Enfants de Marie, dont le visage abattu, les

soupirs étouffés et les larmes abondantes attes-
taient l'immense douleur. On voyait qu'elles ne
voulaient pas être consolées, parce qu'elles
avaient perdu leur mère. La scène déchirante de
la séparation, après les dernières prières de l'é-
glise, laissera dans ceux qui en furent témoins
d'ineffaçables souvenirs.

La mémoire du juste ne périt pas, disent les
livres saints, le nom et la vie de la sœur Desmons resteront gravés dans la pensée de ceux
qui l'ont connue. Mais ses enfants bien-aimées
ne se contentent pas de conserver dans leur
cœur son image bénie; elles ont fait reproduire
par la peinture ses traits empreints de cette
douceur qui leur rappelle son dévouement et
sa tendresse; elles ont élevé sur la terre qui re-
couvre sa dépouille mortelle un modeste mo-
nument, afin de redire à la postérité ce qu'elle a
été pour ses enfants et ce que ses enfants ont
été pour elle.

V

On lira volontiers le compte-rendu de la mort et des obsèques de la sœur Desmons fait par l'une de ses Enfants de Marie.

ASSOCIATION DES ENFANTS DE MARIE

COMPTE-RENDU

Du 16 Novembre 1868.

Mort & Funérailles de ma Sœur Desmons

Supérieure des Sœurs de la Providence de Dunkerque
Directrice de notre Congrégation.

A. M. D. G.

La sagesse divine, dont les décrets sont impénétrables, et qui ne nous afflige jamais que pour notre plus grand bien, vient de faire à nos cœurs une blessure profonde, et qui, sans la résignation qu'inspire l'espérance chrétienne, ne se cicatriserait jamais. Car nous avons à déplorer la perte de Celle qui était pour nous, non-seulement une amie dévouée, mais une véritable mère dont la tendre sollicitude s'étendait à toutes en général et à chacune de nous en particulier.

Vous le savez, mes Sœurs, ma sœur Desmons fut cet ange que le Seigneur avait placé près de nous pour soutenir et diriger nos pas chancelants dans le sentier de la vertu ; c'est elle qui, avec feu M. Deconinck, notre bien-aimé fondateur et père, a ouvert à notre association ce sanctuaire béni ; et qui, après cinquante années de mérites, dont trente ont été consacrées à former les cœurs à la vertu, vient de recevoir la couronne immortelle.

Depuis longtemps déjà la santé de notre chère Directrice s'était profondément altérée, et, l'hiver dernier surtout, elle nous donna de graves sujets d'inquiétude. Que de vœux alors s'élevèrent vers le Ciel ! Les élèves des classes, l'Association des Saints-Anges et celle des Enfants de Marie s'unirent à la communauté tout entière pour conjurer le Seigneur de laisser encore parmi nous celle qui nous faisait tant de bien.

Nous eûmes, pendant un certain temps, l'espoir de la voir revenir à la santé et nos cœurs goûtaient une indicible joie. Mais Celle que la terre voulait garder de longues années encore était enviée du Ciel, qui se hâta de nous l'enlever.

Cependant notre Seigneur voulût préparer son épouse aux noces éternelles, en imprimant sur chacun de ses sens les marques de sa croix : frappée de paralysie pendant les huit derniers jours qu'elle vécut sur la terre, elle se vit tout entière sur l'autel du sacrifice et son âme, qui, depuis longtemps, demandait à Dieu l'amour des souffrances, fut pleinement satisfaite. Aussi, le Seigneur qui serre même entre ses bras le pécheur repentant, fit-il reposer sur son cœur son épouse fidèle, et c'est là que notre bien-aimée Mère s'endormit doucement pour se réveiller dans l'éternité bienheureuse où elle alla rejoindre ces Vierges dont, ici-bas, elle avait choisi la part inestimable.

Oh! qui pourrait peindre la scène douloureuse qui se passa alors, les adieux touchants de ses sœurs chéries qu'elle avait entourées d'une sollicitude toute maternelle ; et qui, en ce moment, se jetèrent sur ces restes vénérés et les arrosèrent de leurs larmes. Oh ! adieux déchirants ! mais plus déchirants encore si le flambeau de la foi n'avait fait entrevoir à leurs yeux les célestes clartés dont elle était environnée, et l'espérance de la revoir un jour pour ne plus en être séparées.

On la déposa alors dans la salle de réunion qu'on avait fait préparer à cet effet, et là, elle devint un objet de vénération pour tous. Ses traits, bien loin de s'altérer au contact de la mort, paraissaient briller d'une beauté céleste; on eût dit que son âme envoyait à ce corps virginal, qu'elle venait de quitter, un rayon de la gloire qui la couronnait.

Mais si tant de cœurs ont payé à notre Mère un tribut de larmes et de regrets, quelle douleur n'ont pas éprouvé les nôtres qui avaient été l'objet incessant de ses travaux et de sa maternelle sollicitude ! Aussi, de douloureuses impressions nous saisirent en entrant dans ce vaste établissement, naguère si joyeux, si vivant et où tout alors nous paraissait de glace. Tout, autour de nous, semblait nous parler de la mort, tout avait pris un aspect de tristesse et de deuil, et c'est sous l'impression de ces pénibles pensées que nous nous rendîmes à l'office. Là, madame la supérieure générale qui s'était rendue en toute hâte à Dunkerque, dès que la nouvelle de ce funeste évènement lui fut parvenue, afin de pouvoir, comme une mère tendre et dévouée, soutenir et encourager sa fille dans ses derniers moments, voulut, malgré sa propredouleur, nous apporter quelques consolations, en nous disant que notre bien-aimée Directrice ne nous avait été enlevée que par la volonté de Dieu, qu'il l'avait appelée pour lui donner la récompense de ses vertus, et que, du haut du Ciel, elle serait toujours notre Mère, qu'elle veillerait sur nous avec plus de sollicitude encore, s'il était possible, qu'elle prierait pour nous et nous obtiendrait une Directrice nouvelle qui aurait aussi pour nous un cœur de mère. « Et vous, mes enfants, ajouta-t-elle avec une voix douce qui nous rappelait si bien la voix de Celle qui n'était plus : Vous l'aimerez toujours.

« Les larmes, vous le savez, sont de bien faibles gages de reconnaissance, si elles ne sont pas accompagnées des œuvres ; c'est pourquoi vous l'aimerez, en priant pour elle ; car il faut être si pur pour aller au Ciel ! Vous l'aimerez en étant toujours fidèles aux règles de l'Association.

« Vous l'aimerez, enfin, en mettant en pratique les sages conseils qu'elle vous donnait avec tant de bonté. » Oh ! dites-moi, mes Sœurs, n'est-il pas vrai qu'alors se reproduisaient en notre esprit, et les saintes inspirations que notre bien-aimée Directrice nous suggérait, et les avis tout maternels que lui dictait son zèle pour la gloire de Dieu et le salut des âmes. Comme il nous semblait l'entendre encore, avec cette voix persuasive qui allait si bien à nos cœurs. Aussi, bonne Mère, jamais nous ne vous oublierons; et s'il ne vous fût pas donné de nous dicter vos dernières volontés, nous prendrons pour règle de notre conduite celles que si souvent vous nous avez fait connaître, et dont l'expression au lit de la mort n'eut été que l'écho fidèle.

Tels furent les sentiments qui nous animèrent alors, et sous l'impression desquels nous jurâmes à notre Mère de marcher toujours dans la voie qu'elle nous avait tracée, afin que du haut du Ciel, d'où elle veillera sans cesse sur nous, elle puisse se réjouir en voyant ses enfants demeurer fidèles à Jésus, fidèles à Marie : et qu'un jour, réunies à jamais dans la patrie céleste, nous lui présentions nos couronnes, en lui disant : O bonne Mère, c'est votre zèle qui nous les a tressées !!!

Le lendemain 16 novembre, un pieux devoir nous restait à remplir; celui d'accompagner notre Mère jusqu'au lieu où sa dépouille mortelle devait être déposée. Nous nous rendîmes donc, revêtues de nos saintes livrées, à l'heure qui nous avait été indiquée. Le service commença à onze heures, et après l'Evangile, M. le Doyen monta en chaire pour redire encore à tous les fidèles, qui étaient venus en foule assister aux funérailles, les vertus depuis longtemps connues et si appréciées de notre chère défunte. Il retraça d'une voix éloquente cette vie dont le caractère distinctif était le dévouement et l'abnégation joints à un zèle ardent pour la gloire de Dieu et le salut des âmes. Je crois inutile, mes Sœurs, de vous redire ce panégyrique si touchant et si consolant pour nos cœurs, où il est resté profondément gravé; car, au tableau que nous en fit notre vénéré Pasteur, nous reconnûmes l'image vivante de notre chère Directrice.

Le service terminé, nous prîmes les places qui nous avaient été assignées : devant nous marchaient les élèves des classes, et l'Association des Saints-Anges. Tous les membres du clergé, un grand nombre de religieuses et une foule immense où se trouvaient confondus tous les rangs, tous les âges et toutes les conditions, formait le pieux cortège.

Plusieurs de nos Sœurs désireuses de donner à notre Mère une dernière preuve de dévouement ne voulurent point, par respect pour elle, laisser à d'autres l'honneur de la porter, et avec quel amour on leur vit remplir ce pieux devoir. Ah ! sans doute, Celle qui en était l'objet ne fut pas insensible à cette marque d'affection et de reconnaissance.

Le spectacle qui s'offrait alors à tous les regards était vraiment bien touchant. En effet, cette longue chaîne de jeunes filles, vêtues de robes bleues et de longs voiles blancs, leur banière en tête, présentait l'aspect d'une fête du Ciel plutôt que d'une cérémonie funèbre, c'était comme la célébration du triomphe de notre Mère.

Nos cœurs néanmoins étaient tristes, et, en arrivant au cimetière, ils furent saisis d'une tristesse plus profonde encore. On allait ravir pour jamais à nos regards ces restes vénérés. Oh ! comme nous nous pressâmes alors autour de ce tombeau chéri, auprès duquel souvent nous irons redire à notre Mère nos serments, notre amour et notre reconnaissance.

Après avoir fait à notre Bienfaitrice nos derniers adieux, chacune de nous se retira en s'entretenant encore de ses vertus et des bienfaits

qu'elle avait si libéralement répandus autour
d'elle. Divers journaux, et en particulier une
notice publiée dans la *Semaine religieuse*, por-
tèrent bien loin des murs de notre cité le tableau
de ses vertus et de ses éminentes qualités, aussi
bien que celui des regrets dont elle était l'objet.
Ainsi se vérifie cette parole du sage : La mémoire
du juste sera éternelle.

Arras. — Typ. Schoutheer.